JACK KORNFIELD
Geh
den Weg
des Herzens

JACK KORNFIELD

Geh den Weg des Herzens

Meditationen für
den Alltag

Mit Illustrationen
von Brigitte Smith

KÖSEL

Bei den vorliegenden Meditationen und Texten handelt es sich um Auszüge aus dem Buch von Jack Kornfield, *Frag den Buddha – und geh den Weg des Herzens.*
Übersetzt aus dem Amerikanischen von Ulli Olvedi. Kösel, München 1995

ISBN 3-466-34378-X

© 1997 by Kösel-Verlag GmbH & Co., München
Printed in Germany. Alle Rechte vorbehalten
Druck und Bindung: Kösel, Kempten
Umschlag: Kaselow Design, München
Umschlagmotiv: Alistair Shearer, London

1 2 3 4 5 · 01 00 99 98 97

Gedruckt auf umweltfreundlich hergestelltem Werkdruckpapier (säurefrei und chlorfrei gebleicht)

INHALT

EIN WEG MIT HERZ

Selbst die großartigsten Zustände und die außergewöhnlichsten spirituellen Errungenschaften sind wertlos, wenn wir nicht auf die allergewöhnlichste und schlichteste Weise glücklich sein können, wenn wir nicht fähig sind, einander und das Leben, das uns gegeben wurde, mit dem Herzen zu berühren.

Wenn wir uns auf ein spirituelles Leben einlassen, ist der zentrale Punkt sehr einfach: *Wir müssen dafür sorgen, dass unser Weg mit unserem Herzen verbunden ist.* In unserem modernen spirituellen Supermarkt gibt es viele verschiedene Angebote. Große spirituelle Traditionen erzählen uns Geschichten über Erleuchtung, Verzückung, Wissen, göttliche Ekstase und die Verwirklichung der allerhöchsten Möglichkeiten des menschlichen Geistes. Angesichts der reichen Auswahl von Lehren, die uns im Westen zugänglich sind, werden wir oft zuallererst von den aufregendsten und ungewöhnlichsten Aspekten angezogen. Das Versprechen solcher besonderer Zustände kann zwar eingelöst werden, und diese Zustände repräsentieren durchaus die entsprechenden Lehren, doch in gewissem Sinn gehören sie auch zu den Werbetricks des spirituellen Geschäfts. Sie stellen nicht das Ziel des spirituellen Lebens dar. Schließlich und endlich ist der spirituelle Prozess nicht dazu da, irgendwelche außergewöhnlichen Befindlichkeiten oder besondere Macht und Fähigkeiten zu vermitteln. Solch eine Suche wird uns nur von uns selbst wegführen. Wenn wir nicht aufpassen, kann es leicht geschehen, dass wir die großen Fehler unserer modernen Gesellschaft – Ehrgeiz, Materialismus und Vereinsamung – in unserem spirituellen Leben wiederholen.

Wenn wir ein echtes spirituelles Leben beginnen wollen, müssen wir das ins

Auge fassen, was sich direkt vor unserer Nase befindet, und dafür sorgen, dass unser Weg mit unserer tiefsten Liebe verbunden ist. Don Juan hat dies in den Lehren, die er Carlos Castaneda gab, so ausgedrückt:

Schau dir jeden Weg ganz genau und sorgfältig an. Versuche es mit ihm so oft, wie du es für nötig hältst. Dann stelle dir selbst – und nur dir allein – eine Frage. Das ist eine Frage, die nur ein sehr alter Mensch stellt. Mein Wohltäter sprach einst davon, als ich noch sehr jung und mein Blut noch zu wild war, als dass ich sie hätte verstehen können. Jetzt verstehe ich sie. Ich sage dir, wie sie lautet: Hat dieser Weg ein Herz? Wenn ja, dann ist es ein guter Weg. Wenn nicht, ist er nutzlos. (...)

Wenn wir jemanden fragen: »Folge ich einem Weg mit Herz?«, werden wir feststellen, dass uns niemand genau beschreiben kann, was für ein Weg das sein soll.

Es bleibt uns nichts anderes übrig, als dieser Frage mit all ihren Untertönen von Geheimnis und Schönheit in unserem Wesen Raum zu geben und ihrem Klang zu lauschen. Dann werden wir irgendwo in uns selbst die Antwort hören, und wir werden sie verstehen. Wenn wir ganz still sind und ganz aufmerksam lauschen, sei es auch nur einen Augenblick lang, werden wir wissen, ob wir einem Weg mit Herz folgen oder nicht. (...)

Um die Kostbarkeit aller Dinge zu erkennen, müssen wir all unsere Aufmerksamkeit einsetzen. Die spirituelle Praxis kann uns zu diesem Gewahrsein führen, ohne dass wir ins Weltall hinausfliegen müssen. Wenn Gegenwärtigsein und Einfachheit unser Leben immer mehr durchdringen, beginnt unsere Liebe für die Erde und alle Wesen ihren Ausdruck zu finden und haucht unserem Weg Leben ein.

Die Meditationen in diesem Buch ermöglichen, ein tieferes Verständnis dafür zu entwickeln, was dieses Gefühl von Kostbarkeit hervorruft. (...) Sie helfen, einen inneren Weg mit Herz zu finden und sich auf einen Weg zu begeben, der uns verwandelt und im Kern unseres Seins berührt. (...)

Ein Weg mit Herz gibt Raum für unsere Kreativität und unsere ganz persönlichen Begabungen. Der äußere Ausdruck unseres Herzens kann darin bestehen, dass wir Bücher schreiben, Häuser bauen oder Methoden entwickeln, wie Menschen einander helfen können. Er kann darin bestehen, dass wir unterrichten oder gärtnern, bedienen oder Musik machen. Wichtig ist nur, dass das, was wir tun, in unserem Herzen verwurzelt ist.

Unsere Liebe ist die Quelle jeglicher Energie der Gestaltung und Verbindung. Wenn wir ohne Verbindung mit unserem Herzen handeln, werden selbst die großartigsten Dinge in unserem Leben trocken, bedeutungslos oder unfruchtbar.

Hinter all unseren Aktivitäten stehen die Sehnsucht nach Liebe und die verborgene Lebendigkeit der Liebe. Das Glück, das wir im Leben erfahren, basiert nicht auf *Besitz* irgendeiner Art und nicht einmal auf Wissen, sondern auf der Entdeckung unserer Fähigkeit zu lieben, eine liebevolle, freie und weise Beziehung zu allem zu haben, was das Leben bietet. Solch eine Liebe ist nicht besitzergreifend, sondern sie entfaltet sich vielmehr aus unserem Gefühl des Wohlbefindens und der Verbindung mit allem, was ist.

Deshalb ist sie großzügig und wach und erfreut sich an der Freiheit allen Lebens. Von dieser Liebe inspiriert, können wir auf unserem Weg lernen, wie wir unsere Begabungen am besten einsetzen können, um zu heilen und zu dienen und Frieden um uns herum zu schaffen; und wir lernen, die Heiligkeit des Lebens zu würdigen, alles wertzuschätzen, was uns begegnet, und allen Wesen Gutes zu wünschen.

Das spirituelle Leben mag kompliziert erscheinen, aber im Grunde ist es das nicht.

Wir können selbst inmitten dieser ungeheuer komplexen Welt Klarheit und Einfachheit entdecken – wenn wir erkennen, dass die Qualität des Herzens, um deren Entfaltung wir uns bemühen, das ist, was am meisten zählt.

Der Zen-Dichter Ryokan fasste das in folgenden Zeilen zusammen:

DER REGEN HAT AUFGEHÖRT,
DIE WOLKEN HABEN SICH VERZOGEN,
UND ES IST WIEDER KLAR.
IST DEIN HERZ REIN, DANN SIND ALLE
DINGE IN DEINER WELT REIN ...
DANN WIRST DU VOM MOND UND
DEN BLUMEN AUF DEINEM WEG
GEFÜHRT.

MEDITATIONEN

HERZENSWÄRME
ENTFALTEN

Die Qualität der Herzenswärme ist der fruchtbare Boden, aus dem ein umfassendes spirituelles Leben wachsen kann. Mit Herzenswärme als Grundlage werden wir unsere Erfahrungen mit größerer Offenheit machen, und alles, worum wir uns bemühen, wird freier fließen. Zwar kann sie sich bei vielen Gelegenheiten auf ganz natürliche

Weise entfalten; aber uns geht es darum, sie bewusst zu entwickeln.

Die folgende Meditation ist eine zweieinhalbtausend Jahre alte Übung, in der Formulierungen, Imaginationen und Gefühle eingesetzt werden, um Herzenswärme und Freundlichkeit sich selbst und anderen gegenüber anzuregen. Sie können mit dieser Praxis experimentieren und feststellen, ob sie brauchbar für Sie ist. Am besten beginnen Sie damit, sie ein paar Monate lang einmal oder zweimal täglich fünfzehn bis zwanzig Minuten lang zu wiederholen.

Am Anfang empfinden Sie diese Übung vielleicht als mechanisch oder irgendwie peinlich, oder sie führt sogar gerade zum Gegenteil dessen, was Sie damit bezwecken. Sie aktiviert möglicherweise Gefühle der Irritation und des Ärgers. Wenn das geschieht, ist es ganz besonders wichtig, dass Sie geduldig und freundlich zu sich selbst sind und alles, was aufsteigt, in einer liebevollen Weise annehmen. Die Herzenswärme wird sich mit Sicherheit entfalten, auch dann, wenn wir erst einmal innere Schwierigkeiten überwinden müssen.

Nehmen Sie eine bequeme Sitzhaltung ein. Entspannen Sie Ihren Körper und seien Sie gelöst. Lassen Sie Ihren Geist ruhen, so gut es geht; lassen Sie alle Pläne los und alles, womit Sie innerlich beschäftigt sind.

Rezitieren Sie dann im Stillen die folgenden Sätze, die Sie an sich selbst

richten. Sie beginnen mit sich selbst;
denn wenn Sie sich nicht selbst lieben,
ist es beinah unmöglich, andere zu
lieben.

Möge ich mit Herzenswärme
erfüllt sein.
Möge ich gesund sein.
Möge ich mich friedlich
und gelassen fühlen.
Möge ich glücklich sein.

Während Sie diese Sätze bilden, können Sie auch ein Bild aus den Lehren
des Buddha verwenden:
Denken Sie an sich selbst als ein ge-
liebtes Kind oder als die Person, die
Sie jetzt sind, geborgen in einem Herzen voller Liebe. Verbinden Sie die
Worte mit diesen Bildern, so dass Sie

genau jene Sätze finden, die am besten geeignet sind, Ihr liebevolles Herz zu öffnen. Wiederholen Sie die Sätze immer wieder, und lassen Sie Ihren Körper und Ihren Geist ganz und gar von dem Gefühl, das sie wachrufen, durchdringen.

Praktizieren Sie diese Meditation mehrere Wochen lang mehrmals täglich, bis Sie spüren, dass ein Gefühl der Herzenswärme Ihnen selbst gegenüber wächst.

Nach einiger Zeit können Sie, wenn Sie sich dazu bereit und fähig fühlen, nach und nach Ihre Herzenswärme auf andere ausdehnen. Wählen Sie zuerst eine Person, die Ihnen sehr zugetan ist und viel Gutes für Sie getan hat. Stellen Sie sich diese Person vor und rezitieren

Sie wieder dieselben Sätze: »Möge er/sie mit Herzenswärme erfüllt sein«, und so weiter. Wenn sich die Herzenswärme für diejenigen entfaltet hat, denen Sie besonders viel verdanken, beziehen Sie weitere Menschen, die Sie lieben, in derselben Weise in Ihre Meditation mit ein.

Danach können Sie Schritt für Schritt andere einbeziehen: Freunde, Familienmitglieder, Nachbarn, die Menschen in aller Welt, Tiere, die ganze Erde und alle Wesen.

Und schließlich können Sie damit experimentieren, diejenigen Menschen einzubeziehen, mit denen Sie die größten Schwierigkeiten haben, und wünschen, dass auch sie mit Herzenswärme und Frieden erfüllt sein mögen. Mit einiger Übung kann sich ein beständiges Gefühl der Herzenswärme entwickeln; dann werden Sie in der Lage sein, im Laufe von fünfzehn oder zwanzig Minuten viele Wesen in Ihre Meditation einzubeziehen, angefangen bei Ihnen selbst über Ihre Wohltäter und die Menschen, die Sie lieben, bis hin zu allen Wesen.

Sie können lernen, diese Meditation überall zu praktizieren: im Stau, im Bus, im Flugzeug, im Wartezimmer des Arztes und bei allen möglichen anderen Gelegenheiten.

Wenn Sie diese Meditation der Herzenswärme im Beisein anderer Menschen praktizieren, werden Sie eine innige Verbindung mit ihnen fühlen – das ist die Kraft der Herzenswärme.

Diese Kraft wird sich beruhigend auf Ihr Leben auswirken und dafür sorgen, dass Sie in Verbindung mit Ihrem Herzen bleiben.

DEN EINEN SITZ
EINNEHMEN

Setzen Sie sich bequem auf einen Stuhl oder auf Ihr Sitzkissen und schließen Sie die Augen. Nehmen Sie eine Haltung ein, die stabil, aufgerichtet und mit der Erde verbunden ist. Sitzen Sie wie der Buddha in der Nacht seiner Erleuchtung, mit großer Würde und Sammlung, und spüren Sie Ihrer Fähigkeit nach, alles zulassen zu können, was hochkommt. Lassen Sie die Augen geschlossen und richten Sie die Aufmerksamkeit auf Ihren Atem. Lassen Sie Ihren Atem frei durch Ihren Körper fließen. Spüren Sie nach, wie jeder Atemzug Ruhe und Ausgeglichenheit bringt, und denken Sie an Ihre Fähigkeit, Körper, Herz und Geist zu öffnen. Öffnen Sie Ihre Sinne, Ihre Gefühle und Ihre Gedanken. Nehmen Sie wahr, was sich in Ihrem Körper eingeschlossen fühlt, und ebenso in Ihrem Herzen und in Ihrem Geist. Atmen Sie und geben Sie Raum. Lassen Sie zu, dass der Raum sich öffnet, so dass alles darin in Erscheinung treten kann. Öffnen Sie die Fenster Ihrer Sinne. Nehmen Sie alle Gefühle, Bilder, Geräusche und Geschichten wahr, die sich zeigen. Be-

obachten Sie alles, was sich Ihnen anbietet, mit Interesse und Gelöstheit.
Spüren Sie Ihre Festigkeit und Ihre
Verbundenheit mit der Erde. Sie haben
den einen Sitz im Zentrum des Lebens
eingenommen und sich für die Wahrnehmung seines Tanzes geöffnet. Denken Sie daran, wie wertvoll Ausgeglichenheit und Frieden für Ihr Leben
sind. Erkennen Sie Ihre Fähigkeit, im
Wandel der Jahreszeiten des Lebens
unerschütterlich zu bleiben. Alles, was
kommt, wird wieder gehen. Halten Sie
sich vor Augen, wie alle Freuden und
Leiden, erfreuliche Ereignisse und unerfreuliche Ereignisse, Menschen, Völker, sogar Kulturen kommen und gehen. Nehmen Sie den einen Sitz des
Buddha ein, und ruhen Sie mit einem

gleichmütigen und mitfühlenden Herzen in der Mitte von alledem.

Sitzen Sie auf diese Weise, mit Würde und ganz anwesend, so lange Sie wollen. Öffnen Sie nach einer Weile – während Sie sich immer noch zentriert und gefestigt fühlen – die Augen. Stehen Sie auf, und machen Sie ein paar Schritte; gehen Sie mit derselben Zentriertheit und Würde. Praktizieren Sie derart das Sitzen und Gehen, immer im Gefühl Ihrer Fähigkeit, offen, lebendig und ganz da zu sein, was auch immer geschehen möge.

DIE TÄGLICHE MEDITATIONSPRAXIS AUFBAUEN

Wählen Sie einen passenden Platz für Ihre regelmäßige Meditation. Jede Stelle ist recht, an der Sie einigermaßen ungestört sitzen können: eine Ecke in Ihrem Schlafzimmer oder irgendein anderes ruhiges Plätzchen in Ihrer Wohnung. Legen Sie ein Meditationskissen oder einen Stuhl an diese Stelle und

arrangieren Sie alles, was nötig ist, um Sie an den Zweck Ihrer Meditation zu erinnern – es sollte ein heiliger und friedlicher Ort für Sie sein. Vielleicht möchten Sie einen einfachen kleinen Altar gestalten, mit Blumen darauf oder einem sakralen Bild oder Ihren spirituellen Lieblingsbüchern. Gönnen Sie sich die Freude, diesen Platz zu gestalten.

Entscheiden Sie sich dann für eine regelmäßige Zeit der Praxis, die in Ihren Tagesplan passt und Ihnen entspricht. Wenn Sie ein Morgenmensch sind, ist es vielleicht gut, wenn Sie vor dem Frühstück meditieren. Falls Ihnen der Abend besser passt, versuchen Sie es zuerst einmal damit. Sitzen Sie am Anfang zehn bis zwanzig Minuten am Stück.

Später können Sie länger und öfter sitzen. Die tägliche Meditation kann etwas so Normales werden wie Duschen oder Zähneputzen. Sie ist eine regelmäßige Reinigung und Beruhigung für Herz und Geist.

Nehmen Sie auf dem Sitzkissen oder auf dem Stuhl eine aufrechte Haltung ohne Anspannung ein. Ihr Körper sollte sich fest in Erde verankert fühlen. Ihre Hände ruhen locker auf den Oberschenkeln oder im Schoß, Ihre Augen sind sanft geschlossen, Ihr Herz ist ruhig. Spüren Sie zuerst in Ihrem Körper nach und lockern Sie bewusst jede Anspannung. Lassen Sie Ihre gewohnheitsmäßigen Gedanken los. Richten Sie Ihre Aufmerksamkeit auf die Empfindungen Ihres Atems. Atmen Sie ein paar Mal tief, um festzustellen, wo Sie Ihren Atem am besten spüren können – als kühlen Strom oder leises Kribbeln in der Nase oder im Hals, als Bewegung in der Brust oder als Heben und Senken des Bauches. Lassen Sie Ihren Atem dann ganz natürlich fließen. Spüren Sie den Empfindungen Ihres natürlichen Atems sorgfältig nach, und entspannen Sie sich bei jedem Atemzug.

Nach ein paar Atemzügen wird Ihr Geist wahrscheinlich zu schweifen beginnen. Sobald Sie dies bemerken, sei es nach kürzerer oder längerer Zeit, gehen Sie einfach zum nächsten Atemzug zurück. Bevor Sie zurückkehren, können Sie sich bewusst machen, wo Sie waren, und das mit einem Wort wie »Denken«, »Schweifen« oder »Hö-ren« abhaken. Danach wenden Sie sich freundlich und direkt dem nächsten Atemzug zu. Später werden Sie in der Lage sein, mit jenen Dingen zu arbeiten, zu denen Ihr Geist Sie führt, doch am Anfang Ihres Meditationstrainings ist es am besten, sie einfach mit einem Wort zu benennen und zum Atem zurückzukehren.

Lassen Sie die Veränderungen in Ihrem Atemrhythmus zu; lassen Sie ihn kurz, lang, schnell, langsam, heftig oder gelassen sein.

Bringen Sie sich zur Ruhe, indem Sie sich mit dem Atem entspannen. Wenn der Atem sanft wird, lassen Sie mit ihm auch Ihre Aufmerksamkeit sanft und sorgfältig werden.

Holen Sie sich selbst freundlich tausendmal zurück, gerade so, wie Sie ein Hündchen erziehen. In den Wochen und Monaten dieser Praxis werden Sie nach und nach lernen, sich mit Hilfe des Atems zur Ruhe zu bringen und zu sammeln. Manches Mal gehen Sie im Kreis herum, und manchmal gibt es stürmische oder klare Tage. Lassen Sie es sein, wie es ist. Dann stellen Sie, wenn Sie in die Tiefe lauschen, fest, dass der Atem Ihnen hilft, Körper und Geist zu besänftigen und miteinander in Verbindung zu bringen.

Die Arbeit mit dem Atem ist eine ausgezeichnete Basis für die übrigen Meditationen, die in diesem Buch vorgestellt werden. Nachdem Sie eine gewisse Ruhe und Geschicklichkeit entwickelt und eine Verbindung mit Ihrem Atem hergestellt haben, können Sie die Meditation ausdehnen und das Gewahrsein und Heilen aller Ebenen Ihres Körpers und Geistes mit einbeziehen.

GEHEN

Ebenso wie die Atemmeditation ist auch die Gehmeditation eine einfache und allgemeingültige Praxis zur Entwicklung von Ruhe, Verbundensein und Achtsamkeit. Man kann sie regelmäßig vor oder nach der Sitzmeditation praktizieren, oder jederzeit auch als Praxis für sich, beispielsweise nach einem geschäftigen Arbeitstag oder an einem gemütlichen Sonntagmorgen.

Die Kunst der Gehmeditation bedeutet: beim Gehen ganz da sein und die natürliche Bewegung des Gehens dazu benützen, Achtsamkeit und wache Präsenz zu schulen.

Wählen Sie einen ruhigen Ort in Ihrer Wohnung oder draußen, wo Sie jeweils etwa dreißig Schritte hin und her gehen können. Stellen Sie sich zunächst am einen Ende dieses vorgesehenen Weges hin, die Füße fest im Boden verankert. Lassen Sie die Hände locker hängen. Schließen Sie kurz die Augen, sammeln Sie sich und spüren Sie, wie Sie auf der Erde stehen. Nehmen Sie den Druck an den Fußsohlen und alle übrigen natürlichen Empfindungen beim Stehen wahr. Öffnen Sie dann die Augen und seien Sie präsent und wach.

Beginnen Sie, langsam zu gehen. Gehen Sie mit einem Gefühl der Heiterkeit und Würde. Achten Sie auf Ihren Körper. Spüren Sie bei jedem Schritt, wie Sie Fuß und Bein anheben; spüren Sie, wie Sie den Fuß auf die Erde stellen.

Entspannen Sie sich und gehen Sie locker und natürlich. Spüren Sie achtsam jeden Schritt. Machen Sie eine kleine Pause am Ende des Weges. Sammeln Sie sich, drehen Sie sich sorgfältig um und halten Sie wieder inne, so dass Sie den ersten Schritt auf dem Weg zurück bewusst wahrnehmen können. Versuchen Sie es mit verschiedenen Geschwindigkeiten; die geeignetste ist diejenige, in der es Ihnen am besten gelingt, gegenwärtig zu sein.

Gehen Sie zehn oder zwanzig Minuten oder auch länger hin und her. Wie beim Atmen im Sitzen, wird Ihr Geist auch beim Gehen viele, viele Male abschweifen. Sobald Sie es bemerken, bezeichnen Sie sanft, wo er gewesen ist: »Wandern«, »Denken«, »Hören«, »Planen«. Kehren Sie dann zurück, und spüren Sie den nächsten Schritt. Wieder werden Sie tausendmal zurückkommen müssen. Ob Sie eine Sekunde oder zehn Minuten lang abwesend waren – registrieren Sie einfach, wo Sie gewesen sind, und kommen Sie zurück, um mit dem nächsten Schritt wieder ganz hier und jetzt, wach und lebendig zu sein.

Nach einiger Übung werden Sie lernen, mit Hilfe der Gehmeditation zur

Ruhe zu kommen und sich zu sammeln. Dann können Sie die Gehmeditation auch in nichtformaler Weise anwenden, etwa wenn Sie einkaufen gehen oder auf dem Weg zum Bus. Sie können lernen, das Gehen selbst zu genießen, anstatt dabei ständig zu denken und zu planen, und auf diese einfache Weise wirklich präsent sein. So verbinden Sie Körper, Herz und Geist auf dem Weg durch Ihr Leben.

BEENDIGUNG DES
INNEREN KRIEGES

Setzen Sie sich zunächst ein paar Minuten lang bequem hin und entspannen Sie sich. Lassen Sie Ihren Atem ruhig und natürlich fließen. Richten Sie Ihre Aufmerksamkeit auf die Gegenwart und nehmen Sie alle Empfindungen in Ihrem Körper wahr, vor allem diejenigen, die Sie möglicherweise bekämpft haben. Versuchen Sie

nicht, sie zu ändern; beachten Sie sie lediglich mit Interesse und freundlicher Aufmerksamkeit. Entspannen Sie den Körper und lassen Sie Ihr Herz weicher werden. Öffnen Sie sich für alles, was Sie empfinden, ohne sich dagegen zu wehren. Geben Sie den Kampf auf. Atmen Sie ruhig, und lassen Sie es sein, wie es ist.

Richten Sie nach einiger Zeit Ihre Aufmerksamkeit auf Ihr Herz und Ihren Geist. Nehmen Sie Ihre gegenwärtigen Gefühle und Gedanken wahr, vor allem jene, gegen die Sie sich zur Wehr setzen, die Sie bekämpfen, leugnen oder umgehen. Beachten Sie sie mit Interesse und freundlicher Aufmerksamkeit. Lassen Sie Ihr Herz sanft werden. Öffnen Sie sich allem, was Sie erfahren. Geben Sie den Kampf auf. Atmen Sie ruhig, und lassen Sie es sein, wie es ist.

Bleiben Sie weiterhin ruhig sitzen. Richten Sie Ihre Aufmerksamkeit auf all die Kämpfe, die in Ihrem Leben immer noch im Gange sind. Wenn Sie im Streit mit Ihren Gefühlen liegen, mit Ihrer Einsamkeit, mit Angst, Verwirrung, Kummer, Ärger oder Sucht, so spüren Sie dem Gefühl des Kämpfens nach. Nehmen Sie auch den Kampf in Ihren Gedanken wahr. Seien Sie sich all dessen bewusst, was Sie in sich selbst bekämpft haben und wie lange Sie schon in dieser Konfliktsituation leben. Lassen Sie diese Erfahrungen mit Sanftheit und Offenheit zu. Nehmen Sie einfach eine nach der anderen mit In-

teresse und freundlicher Aufmerksamkeit wahr. Lassen Sie Ihren Körper, Ihr
Herz und Ihren Geist weich werden.
Öffnen Sie sich allem, was Sie erfahren,
und lassen Sie es sein, wie es ist. Geben
Sie den Kampf auf. Atmen Sie ruhig
und lassen Sie sich sein. Laden Sie alle
Anteile Ihrer selbst ein, sich mit Ihnen
zur Friedensrunde in Ihrem Herzen zu
versammeln.

HEILENDE
AUFMERKSAMKEIT
ENTWICKELN

Sitzen Sie ruhig und bequem. Entspannen Sie Ihren Körper. Atmen Sie sanft. Lassen Sie Ihre Gedanken, die Vergangenheit und die Zukunft, Erinnerungen und Pläne davonziehen. Seien Sie einfach da. Öffnen Sie Ihre Wahrnehmung für Ihren kostbaren Körper und lassen Sie zu, dass er Ihnen all jene Bereiche enthüllt, die der Heilung bedürfen. Lassen Sie zu, dass sich die physischen Schmerzen, Spannungen, Krankheiten oder Verletzungen zeigen. Richten Sie eine sorgfältige und freundliche Aufmerksamkeit auf diese schmerzhaften Stellen. Nehmen Sie die Energie darin wahr. Spüren Sie tief hinein, spüren Sie das Pulsieren, das Klopfen, die Spannung, das Stechen, die Hitze, die Verkrampfung – alles, was das beinhaltet, was wir Schmerzen nennen. Lassen Sie die Empfindungen ganz und gar zu, und umschließen Sie sie mit aufnahmebereiter und freundlicher Aufmerksamkeit. Achten Sie dann auch auf Verkrampfungen und Spannungen in den äußeren Bereichen Ihres Körpers. Atmen Sie sanft und lassen Sie das Öffnen zu.

Nehmen Sie in derselben Weise alle Abwehrhaltungen und Widerstände in Ihrem Geist wahr. Achten Sie auch hier wieder mit sanfter Aufmerksamkeit auf alles, ohne Widerstand; lassen Sie zu, dass es ist, wie es ist. Beobachten Sie die Gedanken und Ängste, die alle Schmerzen begleiten, die Sie empfinden, wie etwa: »Es wird nie aufhören«, »Ich kann es nicht aushalten«, »Das habe ich nicht verdient« oder »Es ist zu schwer, es sitzt zu tief« und so weiter. Betrachten Sie diese Gedanken eine Weile im Licht Ihrer liebevollen Aufmerksamkeit. Kehren Sie dann sanft zum Körper zurück. Lassen Sie Ihre Achtsamkeit noch tiefer gehen. Spüren Sie hinein in die Schichten der schmerzenden Stellen, bis sich eine Schicht nach der anderen öffnet und von selbst in Bewegung kommt, intensiver wird oder sich auflöst. Nehmen Sie Ihren Schmerzen gegenüber die Haltung ein, als würden Sie ein Kind trösten. Atmen Sie sanft hinein und akzeptieren Sie alles, was da ist, mit heilender Sanftheit. Verharren Sie so lange in dieser Meditation, bis Sie sich mit jedem betroffenen Bereich Ihres Körpers verbunden fühlen und sich ein Gefühl von Frieden einstellt.

Wenn Ihre heilende Aufmerksamkeit wächst, können Sie sie regelmäßig auf spezielle Bereiche in Ihrem Körper richten, die krank sind oder weh tun, und Sie können Ihren Körper nach weiteren Stellen absuchen, die der Aufmerksamkeit bedürfen. In derselben

Weise können Sie Ihre heilende Aufmerksamkeit auf tiefe emotionale Verletzungen richten. Trauer, Sehnsucht, Wut, Einsamkeit und Kummer lassen sich zunächst am besten in Ihrem Körper aufspüren. Mit sorgfältiger und sanfter Aufmerksamkeit können Sie tief in sie hineinspüren. Atmen Sie sanft und versuchen Sie, nichts zu verändern. Nach einer Weile öffnen Sie Ihre Aufmerksamkeit für jede einzelne der Schichten von Spannung, Gefühlen und Gedanken, die diese Wunden umgeben. Wieder nehmen Sie die Haltung ein, als würden Sie ein Kind trösten, und akzeptieren alles, wie es ist, bis sich ein Gefühl des Friedens einstellt. In derselben Weise können Sie auch mit dem Herzen arbeiten, so oft Sie

wollen. Denken Sie daran: Die grund-
legende Gesundheit des Körpers und
des Herzens ist immer da. Sie wartet
nur auf unsere mitfühlende Aufmerksamkeit, um sich manifestieren zu können.

BESUCH IM TEMPEL DER HEILUNG

Sitzen Sie bequem und schließen Sie die Augen. Richten Sie die Aufmerksamkeit auf den Atem. Spüren Sie Ihren Atem und Ihren Körper, ohne den Versuch, einzugreifen. Achten Sie darauf, was angenehm und was unangenehm ist. Achten Sie darauf, ob Sie schläfrig oder hellwach sind. Beachten Sie, ob es in Ihrem Geist turbulent zugeht

oder ob er ruhig ist. Nehmen Sie einfach wahr, was ist. Beobachten Sie den Zustand Ihres Herzens. Fühlt es sich verkrampft an? Empfinden Sie es als sanft und offen? Oder irgendwie dazwischen? Ist es müde, ist es heiter? Achten Sie darauf, und nehmen Sie das auf, was da ist.

Stellen Sie sich dann vor, dass Sie auf magische Weise zu einem Tempel oder Kraftort des Heilens gebracht werden, wo die Atmosphäre voller Klarheit und Liebe ist. Nehmen Sie sich Zeit, um diesen Ort zu spüren und ihn bildhaft zu gestalten, in einer Weise, die Ihnen wohl tut. Seien Sie gewahr, wie Sie hier sitzen, ganz ruhig, in achtsamer Meditation. Wenn Sie nun in diesem Tempel, an diesem Ort großer Klarheit und Weisheit sitzen, betrachten Sie Ihre spirituelle Reise in ihrem ganzen Umfang. Denken Sie an alle Verletzungen, die im Laufe dieser Reise geheilt werden sollen. Atmen Sie sanft, und spüren Sie freundlich allem nach, was aufsteigt.

Nun tritt ein weises Wesen aus diesem Tempel und kommt auf Sie zu. Eine Vorstellung oder ein Bild gestaltet sich, wer oder was dieses Wesen ist. Es verbeugt sich leicht, nähert sich Ihnen und legt eine Hand sanft auf die Stelle Ihres Körpers, an der Ihre tiefste Verletzung liegt. Lernen Sie von diesem Wesen die heilende Berührung. Falls Sie diese Berührung nicht spüren können, legen Sie Ihre eigene Hand an die Stelle Ihres Kummers, als seien

Sie selbst dieses wunderbare Wesen. Denken Sie daran, dass Sie sich Ihrem Schmerz letztlich öffnen können, wie oft Sie ihn auch schon vergraben oder gegen ihn angekämpft und Ihren Hass gegen ihn gerichtet haben mögen.

Lassen Sie Ihre eigene Aufmerksamkeit wie die Hand dieses weisen Wesens werden. Berühren Sie die Stelle des Schmerzes mit Sanftheit und Zärtlichkeit, und nehmen Sie dabei wahr, was da ist. Ist es warm oder kalt? Ist es hart und angespannt oder weich? Fühlen Sie Bewegung, Vibrieren, oder ist es ruhig?

Lassen Sie Ihre Wahrnehmung so sein wie die liebevolle Berührung des Buddha oder der Göttin des Mitgefühls oder der Jungfrau Maria oder des Jesus von Nazareth. Welche Temperatur und Beschaffenheit hat dieser Kummer? Welche Gefühle steigen zu all dem auf? Nehmen Sie all Ihre Gefühle mit einem liebevollen und empfänglichen Herzen wahr. Berühren Sie sie mit reiner Zärtlichkeit, so als seien Sie selbst die Göttin des Mitgefühls. Öffnen Sie sich dem Schmerz. Suchen Sie den innersten Kern dieses Kummers, der so lange Zeit in Ihnen verborgen lag. Lassen Sie die Erkenntnis zu, wie sehr Sie sich ihm verschlossen, ihn unterdrückt oder zurückgewiesen haben, ihn nicht fühlen und ihn loshaben wollten – wie Sie ihm mit Angst und Abwehr begegnet sind. Sitzen Sie friedlich da, und öffnen Sie diesem Schmerz endlich Ihr Herz.

Bleiben Sie in diesem Tempel, so lange Sie wollen, und ruhen Sie sich darin aus. Wenn Sie bereit sind, ihn zu verlassen, stellen Sie sich vor, dass Sie sich voller Dankbarkeit verneigen. Denken Sie beim Verlassen des Tempels daran, dass Sie ihn in sich tragen. Sie können jederzeit zurückkehren.

SCHWIERIGKEITEN
ANSCHAUEN

Sitzen Sie ruhig, spüren Sie den Rhythmus Ihres Atems, und werden Sie still und empfänglich. Führen Sie sich dann eine Schwierigkeit vor Augen, mit der Sie es in Ihrer spirituellen Praxis oder in Ihrem täglichen Leben zu tun haben. Beobachten Sie, was diese Schwierigkeit in Ihrem Körper, in Ihrem Herzen und in Ihrem Geist auslöst. Spüren Sie sorgfältig nach. Stellen Sie nun folgende Fragen, und achten Sie auf die Antworten aus Ihrem Innern:

* Wie bin ich bis jetzt mit dieser Schwierigkeit umgegangen?
* Wie habe ich unter meiner eigenen Reaktion darauf gelitten?
* Was soll ich loslassen?
* Inwieweit und nach welchem Maßstab akzeptiere ich das unvermeidliche Leiden, das damit verbunden ist?
* Was kann ich daraus lernen?
* Welches Gold ist in dieser Situation verborgen?

Wenn Sie in dieser Weise Ihre Schwierigkeiten betrachten, dauert es vielleicht eine Weile, bis alles offengelegt ist und sich Ihr Verständnis entwickelt hat. Lassen Sie sich Zeit. Wie jede Meditationspraxis sollte man auch diese mehrmals wiederholen und jedesmal auf die Antworten aus der Tiefe von Körper, Herz und Geist horchen.

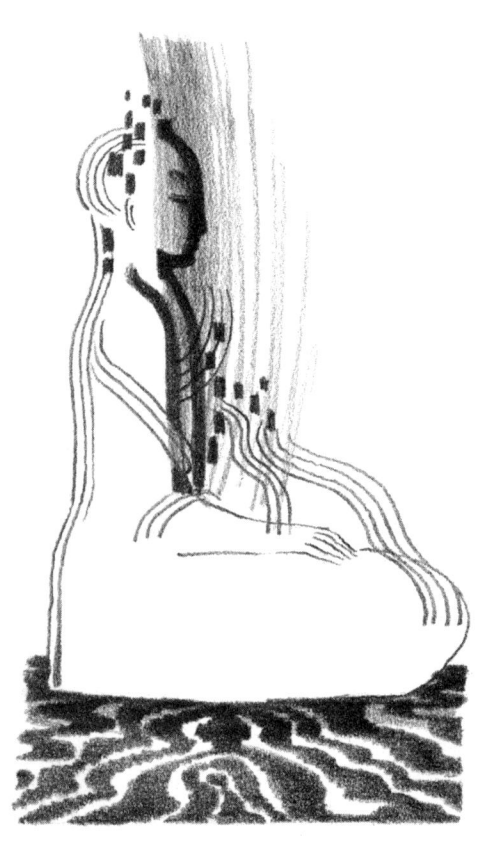

IMPULSE,
DIE UNSER LEBEN IN
BEWEGUNG HALTEN

Die inneren Kräfte des Lebens, die Kräfte der Reaktion und der Vernunft in Ihnen sind die Quelle all Ihres Handelns. Vor jeder absichtlichen Handlung und Bewegung Ihres Körpers steht ein Gedanke, ein Impuls oder eine Orientierung, deren Ursprung in Ihrem Geist liegt. Oft sind diese Impulse unbewusst; sie wirken unterhalb der Wahrnehmungsschwelle. Sie können lernen, mit diesen Kräften und Impulsen umzugehen, indem Sie ihre Wirkung beobachten. Dabei wird die Wechselbeziehung zwischen Körper und Geist sehr deutlich. Sie werden dabei die ganz neue Fähigkeit entdecken, angesichts dieser Schwierigkeiten gelassen zu bleiben und Ihre Freiheit nicht zu verlieren.

Eine einfache Methode zum Kennenlernen der Funktionsweise dieser Impulse besteht darin, den Blick auf diejenigen Impulse zu richten, die uns dazu drängen wollen, das Sitzkissen vorzeitig zu verlassen. Nehmen Sie sich vor, dass Sie eine Woche lang erst dann aufstehen werden, wenn ein heftiger Impuls dazu dreimal aufgetreten ist. Setzen Sie in diesem Fall keine bestimmte Zeit für das Ende der Meditation fest. Konzentrieren Sie sich wie üblich auf die Achtsamkeit, auf Atem, Körper und Geist. Sitzen Sie so, bis ein heftiger Impuls Sie drängt aufzustehen. Nehmen Sie seine Eigenschaften wahr. Was ist sein Ursprung? Es kann innere Unruhe sein, Hunger, Schmerzen im Knie, der Gedanke daran, wie viel Sie zu tun haben, oder das Bedürfnis, auf die Toilette zu gehen. Benennen Sie diese Energie sanft, und spüren Sie dabei dem Impuls nach, sich zu bewegen. Nehmen Sie ihn in Ihrem Körper genau wahr, und benennen Sie ihn »aufstehen wollen, aufstehen wollen«.

Bleiben Sie dabei, solange er anhält (es wird kaum länger als eine Minute dauern). Wenn der Impuls nachgelassen hat, beobachten Sie, was für ein Gefühl Sie haben und ob Ihre Meditation sich durch das Stillhalten während dieses Prozesses vertieft hat. Bleiben Sie sitzen, bis der Impuls aufzustehen zum zweiten Mal heftig an Ihnen zieht. Beobachten Sie den ganzen Prozess ebenso wie zuvor. Wenn Sie schließlich die Prozedur ein drittes Mal sorgfältig durchgeführt haben, stehen Sie auf. Durch diese Praxis werden Ihre Aufmerksamkeit und Sammlung nach und nach wachsen.

Sie können eine solche Methode auch auf andere starke Impulse ausdehnen: auf das Bedürfnis, sich zu kratzen, zu essen oder sonst etwas zu tun. Wenn Sie in dieser Weise achtsam sind, lernen Sie, gesammelt zu bleiben; Sie entwickeln die Fähigkeit, in den verschiedenen Alltagssituationen den wechselnden Reaktionsmustern nachzuspüren, anstatt sie automatisch auszuagieren. So werden Sie durch den bewussten Umgang mit Ihren impulsiven Kräften in deren Mitte ein Zentrum der Ausgeglichenheit und des Verstehens entdecken.

EINFACH UND
TRANSPARENT WERDEN

Wenn Sie Ihr spirituelles Leben überprüfen, können Sie sich selbst fragen: »Was weißt du in deinem Herzen über die Wahrheit des Lebens? Brauchst du wirklich mehr Wissen als dieses, oder genügt dir diese einfache, fundamentale Weisheit? Was hält dich davon ab, gemäß den einfachen Wahrheiten zu leben, die du kennst? Was müsstest du loslassen, um so leben zu können? Welche Verwirrungen und Ängste behindern dein Mitgefühl? Wie viel Kraft und Vertrauen wären nötig, damit du gut und richtig leben könntest? Wie würdest du dein Leben ändern wollen, damit dein Körper, Herz und Geist ›nichtwissender‹ werden, transparenter für dieses innere Licht? Kannst du dir vorstellen, weniger zu wissen und weiser zu werden?«

Spüren Sie dem einfachen, liebevollen Gegenwärtigsein nach, mit dem Sie jeden Augenblick erfüllen können.

TOD UND WIEDERGEBURT

Wenn Ihr geistiger Blick klar wird und Ihr Herz sich öffnet, entdecken Sie, dass Sie in einem ständigen Prozess von Anfang und Ende leben. Ihre Kinder verlassen ihr Zuhause; Ihre Ehe oder Ehen mögen einen Anfang und ein Ende haben; Ihr Haus wird verkauft; der berufliche Weg beginnt, und dann endet er mit der Pensionierung.

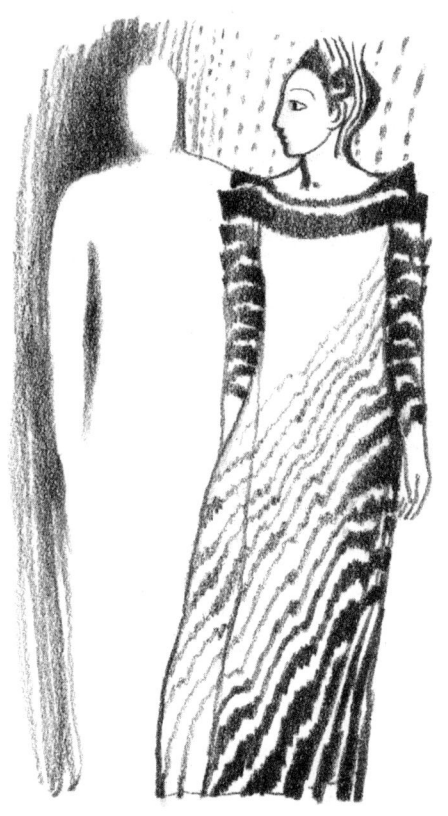

Jedes neue Jahr, jeder Tag, jeder Augenblick ist ein Loslassen des Alten und eine Geburt des Neuen. Die spirituelle Praxis bringt Sie in den intimsten Kontakt mit diesem Mysterium. Wenn Sie still sitzen, erleben Sie das unaufhaltsame Entstehen und Vergehen Ihres Atems, Ihrer Gefühle, Gedanken und Vorstellungen. Ist die Stille noch tiefer, entdecken Sie, dass sich Ihr Bewusstsein selbst verändern und tausend verschiedene Perspektiven hervorbringen kann. Schließlich wird sich alles, was Sie für »ich selbst« gehalten haben – Ihren Körper, Ihren separaten Geist und Ihre Individualität –, vor Ihrem inneren Auge entblättern, bis Sie entdecken, dass Ihre begrenzte Identität nicht Ihre wahre Natur ist.

Der große buddhistische Text *Das Tibetische Totenbuch* ist ein wunderbarer Führer durch den Prozess von Tod, Wiedergeburt und Erwachen zu unserer wahren Natur.

Dieser Text wird denjenigen vorgelesen, die gerade gestorben sind. Da es im Grunde keine Trennung zwischen Geburt und Tod gibt, vermitteln seine Lehren, die sich auf den Übergang von einem körperlichen Leben zum nächsten beziehen, zugleich auch Anweisungen für das Leben in dieser gegenwärtigen Existenz, von einem Tag zum anderen, von einem Augenblick zum anderen, von einem Atemzug zum nächsten. Ich habe den Text Freunden vorgelesen, die im Sterben lagen, und solchen, die eine Scheidung durchmachten, solchen, die durch visionäre Erfahrungen gingen, und Praktizierenden im Retreat.

Sie können sich still hinsetzen und ihn selber lesen. Sie können ihn auch auf Tonband aufnehmen und ihn anhören, oder Sie können einen Freund bitten, ihn langsam vorzulesen. Lassen Sie die Worte in Ihr Bewusstsein einsickern; hören Sie zu, lassen Sie Ihr ganzes Wesen empfänglich und offen dafür sein.

Erinnern Sie sich an das klare Licht, das reine, klare Licht, aus dem alles im Universum hervorkommt und zu dem alles wieder zurückkehrt. Es ist die ursprüngliche Natur Ihres eigenen Geistes, es ist der natürliche Zustand des nicht manifestierten Universums.

Überlassen Sie sich dem klaren Licht. Vertrauen Sie ihm, verschmelzen Sie mit ihm. Es ist Ihre eigene wahre Natur, Ihr Zuhause. Die Visionen, die Sie erleben, sind Teil Ihres Bewusstseins. Die Formen, die sie annehmen, sind von Ihren früheren Abhängigkeiten, Ihren früheren Begierden, Ihren früheren Ängsten, Ihrem früheren Karma bestimmt. Diese Visionen haben keine Realität außerhalb Ihres Bewusstseins. Ungeachtet, wie furchterregend manche von ihnen erscheinen mögen, keine kann Ihnen etwas antun. Lassen Sie sie durch Ihr Bewusstsein ziehen. Sie werden vergehen. Sie brauchen sich von den wundervollsten Visionen weder anziehen noch von den furchterregenden abstoßen zu lassen;

Sie brauchen an keiner von ihnen zu haften, denn wenn Sie sich hineinziehen lassen, werden Sie möglicherweise lange verwirrt sein. Also lassen Sie sie durch Ihr Bewusstsein hindurchziehen wie Wolken am leeren Himmel. Sie haben nicht mehr Realität als diese. Wenn Sie in Angst oder Verwirrung geraten, können Sie sich immer an irgendein Lichtwesen, dem Sie vertrauen, um Schutz und Führung wenden.

Denken Sie an diese Lehren, denken Sie an das klare Licht, das reine strahlende Licht Ihrer eigenen Natur. Es kennt keinen Tod. Wenn Sie zutiefst erkennen, dass die Visionen, die Sie erleben, aus demselben klaren Licht bestehen wie alles andere im Universum, sind Sie befreit. Immer ist das Licht nur einen Bruchteil einer Sekunde, einen halben Atemzug weit von uns entfernt. Es ist nie zu spät, das klare Licht zu erkennen.

BETRACHTUNG
DER ZYKLEN UNSERES
SPIRITUELLEN LEBENS

Nehmen Sie eine bequeme und natürliche Sitzhaltung ein, und lassen Sie Ihren Geist in der Gegenwart ruhen. Lassen Sie alle Überlegungen ziehen, und nehmen Sie den natürlichen Rhythmus Ihres Atems wahr, bis Sie ruhig geworden sind. Führen Sie sich dann Ihr ganzes spirituelles Leben vor

Augen. Erinnern Sie sich daran, wie Sie zum ersten Mal zum Leben des Herzens und Geistes erwacht sind. Erinnern Sie sich an das ahnungsvolle Gefühl, das Sie damals von den Möglichkeiten, dem Mysterium, dem Göttlichen hatten. Erinnern Sie sich an die Zyklen, durch die Sie hindurchgegangen sind, an die Situationen, durch die Sie am meisten gelernt haben, an die unerwarteten Lektionen, an die Zeiten der Einsamkeit und die Zeiten der Gemeinschaft, an Ihre Prüfungen, Ihre Helfer, Ihre Führer. Denken Sie dabei auch an die Probleme, denen Sie begegneten, und an all die Schwierigkeiten und Lehren, die sie mit sich brachten.

Lassen Sie sich mit Freude auf diese Betrachtung ein – etwa wie auf eine spannende Geschichte oder ein Abenteuer; würdigen Sie die Zyklen und Veränderungen voller Dankbarkeit und offen für den Aspekt des Wunderbaren. Verweilen Sie dann in diesem Augenblick mit einer Haltung der Offenheit für das Leben, das noch vor Ihnen liegt. Spüren Sie ahnend voraus, was kommen mag: die nächsten natürlichen Stufen Ihres Lebens, die zu bewältigenden Aufgaben, die Dimensionen der spirituellen Praxis, die vielleicht noch integriert werden müssen. Betrachten Sie sich als Ihren eigenen spirituellen Führer, und machen Sie sich bewusst, welche Situation hilfreich für Sie sein könnte. Erlaubt Ihr gegenwärtiges Leben, dass Sie sich die Zeit für Rückzug und Einsamkeit nehmen? Oder ist es vielleicht der rechte Augenblick, um sich einer spirituellen Gemeinschaft anzuschließen? Verlangt Ihre spirituelle Praxis eine Periode des Dienstes an anderen, oder sollten Sie sich jetzt besonders Ihrem Beruf, Ihrer Kreativität, Ihrem Heim und Ihrer Familie widmen? Brauchen Sie einen Lehrer, oder ist es jetzt gerade am besten für Sie, aus sich selbst zu schöpfen? Falls Ihr gegenwärtiges Leben Ihnen keine Wahl dieser Art lässt, sollten Sie nach dem Zyklus fragen, durch den Sie gerade hindurchgehen. Wie können Sie Ihren Wünschen und Ihrer Lebenssituation am besten gerecht werden und sie in den Prozess der Öffnung Ihres Herzens und in die Zyklen Ihrer spirituellen Praxis einbeziehen? Finden

Sie heraus, wie Sie aufrichtig und wahr-
haftig sein können – gegenüber sich
selbst und gegenüber dem Dharma oder
Tao, das sich in Ihrem Leben entfaltet.

LEIDEN IN MITGEFÜHL
VERWANDELN

Das menschliche Herz hat die wunderbare Fähigkeit, die Leiden und Schmerzen des Lebens anzunehmen und in einen großen Strom von Mitgefühl zu verwandeln. Es ist das Geschenk großer Vorbilder wie Buddha, Jesus, Maria oder Kwan Yin (die chinesische Göttin des Mitgefühls), die Macht dieses sanften und erbarmungs-

vollen Herzens angesichts all des Leidens in der Welt zu verkünden. Wann
immer Ihr eigenes Herz offen und un-
verhüllt ist, erwacht im tiefsten Innern
die Fülle des Mitgefühls. Mitgefühl entsteht, wenn Sie zulassen, dass Ihr Herz
vom Schmerz und der Not anderer
berührt wird.

Um Ihr Mitgefühl zu entwickeln, können Sie die traditionelle Meditation des
Mitgefühls und der Verwandlung von
Schmerz in das Feuer des Herzens praktizieren.

Sitzen Sie ruhig und gesammelt. Atmen
Sie sanft, und spüren Sie Ihren Körper,
Ihren Herzschlag, Ihre Lebenskraft.
Nehmen Sie wahr, wie Sie Ihr eigenes
Leben wertschätzen und wie Sie in-
mitten aller Sorgen und Schmerzen auf

sich selbst achten. Denken Sie nach einiger Zeit intensiv an jemanden, den Sie sehr lieben. Stellen Sie sich diese Person vor, und nehmen Sie sie in Ihr Herz. Nehmen Sie ihren Kummer und ihre Sorgen, das Maß ihres Leidens am Leben wahr.

Fühlen Sie, wie sich Ihr Herz ganz natürlich für diese Person öffnet, sich ihr zuwendet, um ihr Gutes zu wünschen, sie zu trösten und ihren Schmerz zu teilen.

Das ist die natürliche Reaktion des Herzens. Verstärken Sie diese Reaktion durch die Rezitation der traditionellen Worte: »Mögest du frei von Schmerz und Sorgen sein, mögest du Frieden haben.« Fahren Sie mit der Rezitation einige Zeit lang fort.

Wenn Sie ein tiefes Gefühl der Zuneigung und Fürsorge für diese Person empfinden, die Ihnen nahesteht, können Sie es nacheinander auf andere Freunde und Bekannte ausdehnen. Erweitern Sie Ihr Mitgefühl für Ihre Nachbarn, für diejenigen, die weit entfernt sind, und schließlich für die Bruderschaft und Schwesternschaft aller Wesen. Öffnen Sie sich, und fühlen Sie, wie die Schönheit eines jeden Wesens Freude in Ihnen erzeugt und wie Sie das Leiden eines jeden Wesens zu Tränen rührt. Fühlen Sie die Verbundenheit Ihres zärtlichen Herzens mit allem Leben und allen Wesen.

Lassen Sie Ihr Herz nun zum Ort der Verwandlung allen Leidens werden. Spüren Sie den Atem im Bereich Ihres

Herzens, so als ob Sie sanft in ihr Herz hinein und aus ihm heraus atmen könnten. Nehmen Sie die Freundlichkeit Ihres Herzens wahr, stellen Sie sich vor, dass Sie mit jedem Atemzug Schmerz einatmen und Mitgefühl ausatmen. Beginnen Sie damit, dass Sie das Leiden aller Wesen einatmen. Lassen Sie bei jedem Einatmen Ihr Herz von ihrem Kummer und Schmerz berühren, und verwandeln Sie diese in Mitgefühl. Wünschen Sie mit jedem Ausatmen allen Wesen Gutes, und dehnen Sie Ihre fürsorgliche Zuwendung und Ihr erbarmungsvolles Herz auf sie aus.

Stellen Sie sich beim Atmen Ihr Herz als reinigendes Feuer vor, das allen Schmerz der Welt aufnehmen und ihn in das Licht und die Wärme des Mitgefühls verwandeln kann. *Das ist eine sehr wirkungsvolle Meditation, die einige Praxis erfordert. Seien Sie freundlich zu sich selbst.*

Lassen Sie das Feuer Ihres Herzens sanft in Ihrer Brust brennen. Atmen Sie das Leiden derer ein, die hungrig sind. Atmen Sie das Leiden derer ein, die sich im Krieg befinden. Atmen Sie das Leiden an der Ignoranz ein. Stellen Sie sich bei jedem Ausatmen lebende Wesen überall in der Welt vor, und atmen Sie den heilenden Balsam des Mitgefühls aus. Nehmen Sie alles in Ihr Herz, wie die Mutter der Welt; laden Sie mit dem Einatmen alle Wesen ein, Sie zu berühren, und umarmen Sie alle Wesen voller Mitgefühl im Ausatmen.

Praktizieren Sie so eine Weile, und lassen Sie dann Ihren Atem und Ihr Herz ruhen – als ein Zentrum des Mitgefühls inmitten der Welt.

VERGEBUNG
PRAKTIZIEREN

KÖNNTEN WIR DIE GEHEIMEN BIO-
GRAFIEN UNSERER FEINDE LESEN,
WÜRDEN WIR IM LEBEN EINES JEDEN
GENÜGEND KUMMER UND LEIDEN
FINDEN, UM ALLE FEINDSELIGKEIT
AUßER KRAFT ZU SETZEN.

Longfellow

Vergebung ist eines der größten Ge-
schenke des spirituellen Lebens. Sie
erlöst uns von den Schmerzen der Vergangenheit. Gelegentlich mag sie sich
spontan einstellen, doch man kann sie
auch ganz bewusst entwickeln. Die
Fähigkeit des Vergebens lässt sich mit
Hilfe einer alten und systematischen
Praxis kultivieren. Vergebung wird als
Vorbereitung für andere auf das Herz
bezogene Meditationen verwendet,
um das Herz weich zu machen und
die Mauern zu beseitigen, die unsere
Herzenswärme und unser Mitgefühl
gefangen halten. Durch wiederholte
Praxis können wir unser ganzes Leben
mit dem Geist der Vergebung erfüllen.
Bevor Sie mit der Praxis des Vergebens
beginnen, sollten Sie sich klar darüber

sein, was Vergebung bedeutet. Vergebung hat keineswegs zum Inhalt, verletzendes und schädigendes Handeln zu rechtfertigen oder abzuwiegeln. Während Sie vergeben, können Sie auch sagen: »Niemals mehr werde ich zulassen, dass so etwas geschieht.« Sie können den Entschluss fassen, Ihr eigenes Leben zum Opfer zu bringen, um weiteren Schaden zu verhindern. Vergebung bedeutet nicht, dass Sie mit denjenigen Verbindung aufnehmen, die Ihnen geschadet haben. Sie können sich dafür entscheiden, sie niemals wiederzusehen.

Vergebung ist einfach ein Akt des Herzens, ein Loslassen des Schmerzes, des Ressentiments, der verzweifelten Wut, an deren Last Sie so lange getragen haben. Es ist eine Erleichterung für Ihr eigenes Herz; und dann erkennen Sie, dass Sie keinem menschlichen Wesen Ihr Herz verweigern müssen, wie sehr Sie auch unter den bösen Taten anderer gelitten haben mögen. Ein jeder von uns wurde verletzt, ebenso wie wir uns selbst und andere ständig verletzt haben.

Für die meisten Menschen ist der Akt des Vergebens ein längerer Prozess. Wenn Sie sehr tief verletzt wurden, kann die Arbeit des Vergebens Jahre dauern. Sie entwickelt sich von Stufe zu Stufe – Trauer, Wut, Kummer, Angst und Verwirrung – und schließlich, wenn Sie sich dem inneren Schmerz ganz ausgesetzt haben, kommt das Vergeben als Erleichterung, als eine

Erlösung des Herzens. Sie erkennen, dass Vergebung im Grunde Ihnen selbst zugute kommt, denn Sie müssen den Schmerz der Vergangenheit nicht länger ertragen. Und wenn es um die Vergebung Ihrer eigenen Schuld geht, dessen, was Sie sich selbst oder jemand anderem angetan haben, ist der Prozess derselbe.

Leiten Sie die formale Praxis des Vergebens damit ein, dass Sie bequem sitzen, die Augen schließen und Ihren Atem leicht und natürlich fließen lassen. Entspannen Sie Körper und Geist. Atmen Sie sanft in den Bereich des Herzens und spüren Sie die inneren Barrieren, die so lange schon da sind, weil Sie nicht vergeben haben, sich selbst nicht und anderen nicht. Spüren

Sie den Schmerz, der darauf beruht, dass Sie Ihr Herz verschlossen hielten. Atmen Sie eine Weile sanft in den Herzbereich, und geben Sie dem Gefühl des Vergebens Raum. Rezitieren Sie dann die folgenden Worte, und lassen Sie zu, dass sie Ihr verzeihendes Herz öffnen. Lassen Sie die Worte immer tiefer eindringen, während Sie sie wiederholen, so dass die dadurch angeregten Vorstellungen und Gefühle an Intensität gewinnen.

Vergebung von anderen:

In vielfacher Weise habe ich andere verletzt, ihnen geschadet, sie verraten oder sie verlassen, ihnen wissentlich oder unwissentlich Leid zugefügt, aus meinem eigenen

Schmerz, meiner Angst, meinem Ärger und meiner Verwirrung heraus.

Erinnern Sie sich daran, wie Sie andere verletzt haben. Schauen Sie den Schmerz an, fühlen Sie den Schmerz, den Sie aufgrund Ihrer eigenen Angst und Verwirrung verursacht haben. Lassen Sie das Gefühl Ihres eigenen Kummers und Bedauerns zu. Machen Sie sich klar, dass Sie sich von dieser Last befreien und um Vergebung bitten können. Lassen Sie jede dieser Erinnerungen, die Ihr Herz belasten, als deutliches Bild erscheinen, und wiederholen Sie jedesmal: *Ich bitte um deine Vergebung! Ich bitte um deine Vergebung!*

Vergebung für Sie selbst:

In vielfacher Weise habe ich mich selbst verraten, mir selbst geschadet, mich selbst verlassen, durch Gedanken, Worte und Taten, wissentlich und unwissentlich.

Halten Sie sich die Kostbarkeit Ihres Lebens vor Augen. Erinnern Sie sich dann an die Gelegenheiten, bei denen Sie sich selbst verletzt und sich selbst geschadet haben. Lassen Sie den Schmerz zu, den Sie sich selbst zugefügt haben, und machen Sie sich klar, dass Sie sich von dieser Last befreien können. Sagen Sie dann zu sich selbst:

Ich vergebe mir jede Verletzung, die ich mir selbst aus Angst, Schmerz oder Verwirrung zugefügt habe, aktiv oder passiv. Ich vergebe mir selbst. Ich vergebe mir selbst.

Vergebung für jene, die Ihnen geschadet oder Sie verletzt haben:

*In vielfacher Weise wurde ich von anderen
verletzt, missbraucht und verlassen, durch
Gedanken, Worte oder Taten, wissentlich
oder unwissentlich.*

Erinnern Sie sich genau an diese Ge-
schehnisse. Lassen Sie den Kummer
und Schmerz zu, den Sie aus der Vergangenheit mitgebracht haben, und
machen Sie sich klar, dass Sie sich von
dieser Last befreien können, indem Sie
die Vergebung ausweiten, wenn Ihr
Herz dazu bereit ist. Sagen Sie jetzt zu
sich selbst: *Ich sehe nun die vielfache Weise,
in der andere mich verletzt oder mir geschadet
haben, aus Angst, Schmerz, Verwirrung
oder Wut. In dem Maße, in dem ich dazu*

bereit bin, biete ich ihnen meine Vergebung
an. Ich habe diesen Schmerz allzu lange
in meinem Herzen getragen. Aus diesem
Grund biete ich euch allen, die ihr mir
geschadet habt, meine Vergebung an. Ich
vergebe euch.

Wiederholen Sie sanft diese drei Variationen des Vergebens, bis Sie eine Erleichterung Ihres Herzens wahrnehmen können. Wenn es sich um einen besonders großen Schmerz handelt, werden Sie vielleicht keine Erleichterung empfinden, sondern lediglich die innere Last, die Qual oder die Wut. Nehmen Sie ganz sanft Verbindung damit auf. Vergebung lässt sich nicht erzwingen und nicht künstlich produzieren. Machen Sie einfach mit dieser

Praxis weiter, und lassen Sie die Worte und Bilder nach und nach ihre Wirkung tun. Sie können die Meditation des Vergebens zu einem regelmäßigen Teil Ihrer Praxis machen, so dass Sie lernen, die Vergangenheit loszulassen und Ihr Herz für jeden neuen Augenblick mit weiser Liebe und Güte zu öffnen.

ÜBER DAS DIENEN

Setzen Sie sich in einem ruhigen Augenblick bequem hin und seien Sie gelöst, aber wach. Spüren Sie die Haltung Ihres Körpers und die sanfte Bewegung Ihres Atems. Denken Sie an all die großzügigen Gaben der Natur, die allem menschlichen Leben dienen: der Regen, die Pflanzen, der warme Sonnenschein. Denken Sie an alle, die etwas zum Nutzen der Menschen tun: die Bauern, die Eltern, die Heiler, die

Postbeamten, die Lehrer, die ganze Gesellschaft, in der Sie leben. Wenn Sie sich der Welt bewusst sind, die Sie umgibt, halten Sie sich auch deren Probleme vor Augen: die Bedürfnisse und Nöte der Menschen, der Tiere und der Umwelt. Geben Sie dem Wunsch Ihres Herzens Raum, helfen zu wollen, und auch der Freude, die entsteht, wenn Sie der Welt Ihr einzigartiges Geschenk anbieten.

Richten Sie dann die folgenden Fragen an sich selbst. Machen Sie nach jeder Frage eine Pause, und lassen Sie Ihrem Herzen Zeit, so dass die Antwort aus den tiefsten Tiefen Ihres Mitgefühls und Ihrer Weisheit kommen kann.

Stellen Sie sich vor, wie Sie in fünf Jahren sein möchten, nachdem Sie alles

Gute getan haben, was Sie tun wollten, und das, was Ihnen möglich erschien, aus ganzem Herzen geleistet haben. Was würde Ihr größtes Glück ausmachen? Was haben Sie getan, das Ihrer Ansicht nach der Welt am meisten Segen gebracht hat? Welcher hilfreiche Beitrag würde Sie am meisten befriedigen? Welche unnütze Eigenschaft müssten Sie aufgeben, um der Welt diesen Dienst zu leisten? Welche Kräfte und Fähigkeiten müssten Sie dazu in sich selbst und anderen aktivieren? Was müssten Sie tun, um augenblicklich mit diesem Dienst beginnen zu können? Und warum nicht gleich beginnen?

GLEICHMUT ENTWICKELN

Gleichmut ist eine wunderbare Eigenschaft, die Raum und Ausgeglichenheit des Herzens bedeutet. Obwohl Gleichmut ganz natürlich mit der Meditationspraxis wächst, kann man sie zusätzlich in derselben systematischen Weise entwickeln wie Herzenswärme und Mitgefühl. Wir können diese Möglichkeit der Ausgeglichenheit des Herzens inmitten des Lebens ahnen,

wenn wir erkennen, dass sich das Leben unserer Kontrolle entzieht. Wir sind ein kleines Element in einem großen Tanz. Auch wenn wir unbegrenztes Mitgefühl für andere entwickeln und uns mit allen Mitteln darum bemühen, das Leiden in der Welt zu verringern, gibt es immer noch viele Situationen, die wir nicht beeinflussen können. Das bekannte Gebet der Gelassenheit lautet: »Möge ich die Gelassenheit haben, das zu akzeptieren, was man nicht ändern kann, möge ich den Mut haben, das zu ändern, was man ändern kann, und möge ich die Weisheit haben, den Unterschied zu erkennen.« Weisheit lässt uns erkennen, dass alle Wesen Erben ihres Karma sind und dass sie handeln und die Früchte ihres Handelns ernten.

Wir können andere zutiefst lieben und unsere Unterstützung anbieten, aber letztlich müssen sie selbst lernen und selbst die Quelle ihrer Befreiung sein. Gleichmut verbindet einen klaren, verständnisvollen Geist mit einem mitfühlenden Herzen.

Gleichmut entwickeln: Nehmen Sie eine angenehme sitzende Haltung ein und schließen Sie die Augen. Beobachten Sie Ihren Atem mit sanfter Aufmerksamkeit, bis Körper und Geist ruhig geworden sind. Beginnen Sie dann damit, dass Sie sich vor Augen halten, wie wohltuend Ausgeglichenheit und Gleichmut für den Geist sind. Denken Sie daran, welch ein Geschenk für die Welt ein Herz voller Frieden bedeuten würde. Lassen Sie ein Gefühl von Ausgeglichenheit und Gelöstheit in sich entstehen. Wiederholen Sie dann Sätze wie:

»Möge ich ausgeglichen und voller Frieden sein.«

Machen Sie sich klar, dass alles Geschaffene entsteht und vergeht: Freude, Kummer, angenehme Ereignisse, Menschen, Tiere, Häuser, Völker, sogar ganze Zivilisationen. Verweilen Sie ruhig inmitten von alledem.

»Möge ich lernen, das Entstehen und Vergehen aller Dinge mit Gleichmut und Ausgeglichenheit zu erleben. Möge ich offen und ausgeglichen und voller Frieden sein.«

Halten Sie sich vor Augen, dass alle Wesen Erben ihres eigenen Karmas sind, dass ihr Leben entsprechend den Bedingungen und Taten, die sie geschaffen haben, entsteht und vergeht.

»Möge ich mit Mitgefühl und Gleichmut den Geschehnissen der Welt begegnen. Möge ich Ausgeglichenheit, Gleichmut und Frieden finden.«

SPIRITUELLE REIFE

Früchte fallen ganz naturgemäß vom Baum, wenn sie reif sind. Nach einer entsprechenden Zeit des spirituellen Lebens beginnt das Herz, wie eine Frucht zu reifen und süß zu werden. Dann verlagert sich unsere Praxis vom schwierigen Wachstum voller Suchen, Entwickeln und Trainieren zum Verweilen im Mysterium. Sie verlagert sich von der Orientierung an der Form zum Ruhen im Herzen. (...)

Spiritualität zur Reife bringen heißt, dass wir alle rigiden und idealistischen Seinsweisen loslassen und Flexibilität und Freude entdecken. Mit der spirituellen Reife wächst Sanftheit im Herzen. Gelöstheit und Mitgefühl werden zu unserer natürlichen inneren Verfassung. Der Taoist Lao tse feierte diese Geisteshaltung mit den Worten:

WER IM TAO VERANKERT IST,
KANN GEFAHRLOS ÜBERALL
HINGEHEN.

WER IM TAO VERANKERT IST,
EMPFÄNGT DIE KOSMISCHE
HARMONIE AUCH INMITTEN
GROSSEN LEIDENS,
DENN IM HERZEN IST FRIEDEN.

Als die östliche Spiritualität in den siebziger Jahren in Amerika und Europa publik wurde, hat man sie zunächst sehr idealistisch und romantisch aufgefasst und praktiziert. Sie sollte dazu dienen, außergewöhnliche Bewusstseinszustände zu erzeugen. Man glaubte an perfekte Gurus und deren vollkommene Lehren, die, wenn man ihnen folgte, zu völliger Erleuchtung führen und die Welt verändern würden.

Man versuchte, durch Rituale, Kostüme und Philosophien spiritueller Traditionen dem Alltag zu entfliehen und »spiritueller« zu werden. Das war die nachahmende Haltung, die Chögyam Trungpa als »spirituellen Materialismus« bezeichnete.

Nach einigen Jahren wurde es den meisten klar, dass »high« sein kein Dauerzustand war und dass Spiritualität nicht darin bestand, vor dem Leben davonzulaufen und eine Existenz auf lichterfüllten Höhen anzustreben. Wir entdeckten, dass die Verwandlung des Bewusstseins bei weitem mehr Praxis und Disziplin erforderte, als wir zunächst gedacht hatten. Wir begannen zu verstehen, dass der spirituelle Weg mehr von uns *verlangte*, als er zu bieten schien. Wir begannen, aus unseren romantischen Vorstellungen von spiritueller Praxis aufzuwachen und erkannten, dass echte Spiritualität von uns verlangte, unsere realen Lebenssituationen, die Familie, aus der wir kamen, und unseren Platz in der Gesellschaft

mit Aufrichtigkeit und Mut zu unter-
suchen. Desillusionierende Erfahrungen und wachsende Geistesklarheit hal-
fen uns, unsere idealistischen Vorstellungen vom spirituellen Weg und der
spirituellen Gemeinschaft aufzugeben.
Für viele von uns wurde diese Erkenntnis zur Grundlage einer integrierteren
und klarsichtigeren spirituellen Arbeit.
Dazu gehörte die Entwicklung von
richtigen Beziehungen, richtiger Le-
bensführung und richtiger Verwen-
dung der Sprache; dazu gehörte auch
die Kultivierung der ethischen Dimensionen des spirituellen Lebens. Diese
Arbeit erforderte das Ende allen Sek-
tionierens; wir mussten einsehen, dass
man letztlich alles, was man in den
Schatten drängen oder vermeiden

möchte, in das spirituelle Leben mit einbeziehen muss und nichts davon zurücklassen kann. Wir mussten lernen, dass Spiritualität eher das ist, was wir sind, als ein Ideal, das wir anstreben. Und so heißt Spiritualität heute nicht mehr, nach Indien oder Tibet oder Machu Picchu zu fahren, sondern heimzukommen.

Diese Art von Spiritualität ist ganzheitlich und voller Freude; sie ist ganz gewöhnlich, und sie hat die Qualität des Erwachtseins. Solch eine gereifte Spiritualität stellt uns mitten in das Wunder des Lebens und ermöglicht es, dass uns das Licht des Göttlichen durchdringt und aus uns strahlt.

Schauen wir uns die Eigenschaften der spirituellen Reife an:

1. *Kein Idealismus.* Das reife Herz ist nicht perfektionistisch; es ruht im Mitgefühl unseres Wesens anstatt in den Idealen des Geistes. Eine nichtidealistische Spiritualität sucht nicht nach einer perfekten Welt; sie will uns — unseren Körper, unsere Persönlichkeit — nicht perfekt machen. Lehrer und Erleuchtung werden nicht romantisiert, wie es geschieht, wenn man den Vorstellungen von der ungeheuren Reinheit irgendeines besonderen Wesens nachhängt. Im spirituellen Leben geht es nicht um »besser« und »mehr«, es geht nur darum, zu lieben und frei zu sein. (...)

2. *Freundlichkeit* ist eine zweite Äußerungsform reifer Spiritualität. Sie beruht auf einem grundlegenden Gefühl

von Selbstakzeptanz, im Gegensatz zu Schuldgefühlen, Schuldzuweisungen oder Scham angesichts der ignoranten Dinge, die wir getan haben, oder der Ängste, die wir immer noch in uns tragen. Sie lässt uns verstehen, dass wir uns nur in der warmen Sonne der Herzensgüte öffnen können. In der tiefen Selbstakzeptanz wächst ein mitfühlendes Verständnis. (...) Es geht darum, dass wir die vielen Anteile in uns selbst, die wir verleugnet, abgeschnitten oder isoliert haben, erbarmungsvoll annehmen. Reife Spiritualität bedeutet tiefe Dankbarkeit und die Fähigkeit zu vergeben.

3. *Geduld* ist die dritte Eigenschaft der spirituellen Reife. Geduld ermöglicht

es uns, in Harmonie mit dem Dharma, dem Tao zu leben. Chuang tse sagte:

DIE WAHREN MENSCHEN DES
ALTERTUMS
DACHTEN NICHT DARAN,
GEGEN DAS TAO ZU KÄMPFEN.
AUCH VERSUCHTEN SIE NICHT,
DURCH EIGENES PLANEN
DEM TAO WEITERZUHELFEN.

Spirituelle Reife lässt uns erkennen, dass der Prozess des Erwachens durch viele Jahreszeiten und Kreisläufe führt. Sie fordert, dass wir uns zutiefst verpflichten, den einen Sitz in unserem Herzen einzunehmen und uns für jeden Aspekt des Lebens zu öffnen.
Wahre Geduld bedeutet nicht, etwas zu gewinnen oder festzuhalten, und sie

strebt nicht nach irgendeiner Vollendung. Geduld ermöglicht es uns, uns dem zu öffnen, was nicht der Zeit unterliegt. (...)

Die Reife des spirituellen Lebens erlaubt uns, einfach hier zu sein, in der einfachen Wahrheit, die immer da war und immer da sein wird.

4. *Unmittelbarkeit* ist die vierte Eigenschaft spiritueller Reife. Das spirituelle Erwachen ereignet sich in unserem Leben hier und jetzt. In der Zen-Tradition sagt man: »Nach der Ekstase das Wäschewaschen.« Spirituelle Reife manifestiert sich im Immanenten ebenso wie im Transzendenten. Veränderte Zustände, außergewöhnliche Erfahrungen des Geistes, große Öffnungen

des Bewusstseins werden nicht um ihrer selbst willen geschätzt, sondern nur insoweit, wie sie uns zu unserer menschlichen Inkarnation zurückführen, um unsere Weisheit zu nähren und unsere Fähigkeit zu Mitgefühl zu vertiefen. (...)

Reife Spiritualität lässt uns in der unmittelbaren Gegenwart so handeln und sprechen und einander berühren, dass es der Ausdruck unserer tiefsten Einsicht ist. Wir sind lebendiger und präsenter. Wir entdecken, dass unser Atem, unser Körper und unsere menschliche Begrenztheit Teil des Göttlichen sind. Die Unmittelbarkeit ist der wahre Ursprung des Mitgefühls und des Verstehens. »Nur in unserem eigenen Körper mit seinem Herzen und seinem Geist«, sagte der Buddha, »finden wir Gefangenschaft und Leiden, und nur hier finden wir wahre Befreiung.«

5. Die fünfte Eigenschaft der spirituellen Reife ist ein Gefühl für das Heilige, das integriert und persönlich ist. »Integriert« ist es insofern, als keine heiligen und unheiligen Sektionen in unserem Leben entstehen; und »persönlich« bedeutet, dass die Spiritualität durch unsere eigenen Worte und Taten zum Ausdruck kommt. Im andern Fall hat sie keinen wirklichen Wert. Integrierte und persönliche spirituelle Praxis umfasst unsere Arbeit, unsere Familie, unsere Liebe und unsere Kreativität. Sie beinhaltet das Verständnis,

in dem das Persönliche und das Allgemeine untrennbar miteinander verbunden sind, so dass die allumfassenden Wahrheiten des spirituellen Lebens in jeder einzelnen persönlichen Situation auf einzigartige Weise lebendig werden. (...)

Integrierte Spiritualität bedeutet die Einsicht, dass wir mit unserem eigenen Leben beginnen müssen, wenn wir Licht und Mitgefühl in die Welt bringen wollen. Unser ganz persönliches Leben ist viel »spiritueller« als alle außergewöhnlichen Erfahrungen oder irgendeine Philosophie, die wir uns zu eigen gemacht haben. Diese ganz persönliche Beziehung zu unserem spirituellen Weg berücksichtigt sowohl das Individuelle als auch das Allgemeine und respektiert das Leben als einen flüchtigen Tanz zwischen Geburt und Tod; sie würdigt aber auch unseren speziellen Körper, unsere spezielle Familie und Gemeinschaft, unsere persönliche Geschichte und unsere Freuden und Leiden. Auf diese Weise ist unser eigenes Erwachen etwas, das sich auf alle anderen Wesen auswirkt. (...)

6. *Hinterfragen* ist die sechste Eigenschaft der spirituellen Reife. Anstatt eine Philosophie oder religiöse Lehre einfach zu glauben oder blindlings einem großen Lehrer oder einer beeindruckenden Lehre zu folgen, kommen wir zu der Erkenntnis, dass es um unser eigenes klares Verständnis geht. Diese Qualität des Hinterfragens

wurde vom Buddha *Dhamma-vicaya* genannt; das bezeichnet den eigenen Forschungsweg zur Wahrheit. Es ist die Bereitschaft, das zu entdecken, was ist, ohne alle Imitation und ohne den Weisheiten anderer zu folgen. (...)

In der spirituellen Reife finden wir ein starkes Gefühl der Autonomie, aber nicht als Reaktion auf Autorität, sondern auf der Basis eines Erkennens aus tiefstem Herzen, dass wir – ebenso wie der Buddha – erwachen können. Reife Spiritualität hat eine echte demokratische Qualität, denn sie ermöglicht es jedem Individuum, selbst zu erkennen, was heilig und befreiend ist.

Das Hinterfragen verbindet eine offene Geisteshaltung, den »weiß-nicht«-Geist des Zen, mit einer »unterscheidenden

Weisheit«, die sehen kann, was brauchbar ist und was nicht, und die immer
bereit ist zu lernen. Mit einem offenen
Geist befinden wir uns fortwährend im
Prozess des Lernens. (...)

7. *Flexibilität* ist die siebte Eigenschaft
der spirituellen Reife. Wie ein Bambus
sich im Wind bewegt, so reagieren wir
auf die Welt mit unserem Verständnis
und unserem Mitgefühl und respektie-
ren die sich verändernden Umstände.
Ein spirituell reifer Mensch hat die
große Kunst erlernt, gegenwärtig zu
sein und loszulassen. Die Flexibilität
lässt uns verstehen, dass es nicht nur
eine Art von Praxis oder nur *eine* gute
spirituelle Tradition gibt, sondern viele.
Sie lässt uns verstehen, dass es im spi-

rituellen Leben nicht darum geht, sich auf irgendeine bestimmte Philosophie oder Glaubensrichtung festzulegen und einen Standpunkt in Opposition zu einem anderen oder zu jemand anderem einzunehmen. Es ist die Gelassenheit des Herzens, die uns verstehen lässt, dass alle spirituellen Richtungen die Funktion eines Floßes haben, um uns zum anderen Ufer der Freiheit zu bringen. (...)

Die Flexibilität des Herzens bringt Humor in die spirituelle Praxis. Sie ermöglicht es uns zu verstehen, dass es hunderttausend gute Hilfsmittel zum Erwachen gibt und dass es manchmal die rechte Zeit für formale und systematische Methoden ist, während man zu anderen Zeiten in einer auf den

Augenblick bezogenen und unübli-
chen oder gar zuhöchst unkonventio-
nellen Weise vorgehen muss.

Gelassen kommen lassen, gelassen gehen lassen. Es liegt eine große Freiheit
in dieser Flexibilität. (...)

8. *Gegensätze einbeziehen* ist die achte
Eigenschaft der spirituellen Reife; es
bedeutet die Fähigkeit, den Widersprü-
chen des Lebens in unserem Herzen
Raum zu geben. Als kleine Kinder
halten wir unsere Eltern für ganz und
gar gut, wenn sie uns alles geben, was
wir haben wollen, und für ganz und
gar böse, wenn sie uns frustrieren und
sich nicht so verhalten, wie wir es
möchten. Ein großer Entwicklungs-
prozess im Bewusstsein des Kindes

führt schließlich dazu, dass es seine Eltern versteht und erkennt, dass ein und dieselbe Person Gutes und Böses, Liebe und Zorn, Großzügigkeit und Angst in sich hat. Eine ähnliche Entwicklung vollzieht sich in uns auf dem Weg zur spirituellen Reife. Wir erwarten nicht mehr, dass unsere Eltern, unsere Lehrer oder Gurus perfekt sind und suchen nicht mehr das absolut Gute im Gegensatz zum absolut Bösen; wir trennen nicht mehr Opfer und Täter. Wir beginnen zu verstehen, dass in allem stets auch das Gegenteil enthalten ist. (...)

Wenn man im spirituellen Leben reift, kann man leichter mit dem Paradoxen leben und die Vieldeutigkeit des Lebens mit seinen vielen Schichten und unvermeidlichen Konflikten eher akzeptieren. Man entwickelt ein Gefühl für die Ironie des Lebens, für seine metaphorische Qualität und seine Komik.

Diese Paradoxie des Lebens ist ständig gegenwärtig. Es gibt eine berühmte Geschichte, in der ein Zen-Schüler seinen Meister bittet, ihm zu erklären, was Erleuchtung sei. Sie spazierten durch einen Kiefernwald, und der Zen-Meister deutete auf einen der Bäume. »Siehst du, wie groß dieser Baum ist?« »Ja«, antwortete der Schüler. Dann deutete der Meister auf einen anderen Baum. »Siehst du, wie klein dieser andere Baum ist?« »Ja«, antwortete der Schüler. »Nun«, sagte der Meister, »da ist sie, die Erleuchtung.«

Wenn wir die Gegensätze des Lebens akzeptieren, erkennen wir, dass Geburt und Tod, unsere Freuden und Leiden untrennbar sind. Wir würdigen das Heilige in der Leerheit und Form. (...)

9. Die nächste Qualität eines reifen spirituellen Lebens manifestiert sich in der Art der *Beziehung*. Wir sind immer in Beziehung mit irgend etwas. Dadurch, dass wir eine weise und mitfühlende Beziehung zu allem aufnehmen lernen, entwickeln wir auch die Fähigkeit, alles zu würdigen und wertzuschätzen. Wir haben zwar ziemlich wenig Kontrolle darüber, was in unserem Leben geschieht, doch wir haben die Wahl, welche Beziehung wir zu unseren Erfahrungen aufnehmen. Reife Spiritualität

bedeutet, das Leben als Bezogensein zu erfahren. Das ist der echte Geist der Praxis, der alles als heilig betrachtet. Unser Familienleben, unsere Sexualität, unsere Gemeinschaft, die Ökologie der Erde, Politik, Geld – unsere Beziehung zu jedem Wesen und zu jeder Handlung wird zum Ausdruck des Tao, des Dharma. (...)

Jede Handlung ist von Bedeutung, und jede Begegnung steht in Beziehung zur Ganzheit unseres spirituellen Lebens. So sind auch die Achtsamkeit und das Mitgefühl, mit denen wir unsere Schwierigkeiten und Probleme handhaben, der Maßstab unserer Praxis. Spirituelle Reife bedeutet, dass wir unsere menschliche Gemeinschaft und unser Miteinander-Verbundensein zutiefst würdigen. Nichts lässt sich aus unserem spirituellen Leben ausschließen.

10. *Normalität* ist die letzte Eigenschaft der spirituellen Reife. In manchen Traditionen nennt man das die »Praxis nach der Erleuchtung«. Es ist die Normalität, die sich einstellt, wenn sich die besonderen spirituellen Zustände und Nebenwirkungen verflüchtigt haben. (...) Normalität bedeutet einfaches Gegenwärtigsein in diesem Augenblick, so dass sich das Mysterium des Lebens offenbaren kann. (...) Mögen wir auch die Fähigkeit des Bewusstseins wertschätzen, unendlich viele Formen zu erdenken, so ist doch die Normalität an dem interessiert, was hier und jetzt ist. Das ist das normale Mysterium des

Atmens oder des Gehens, das Mysterium der Bäume am Straßenrand oder das Mysterium der Liebe, die wir für jemand anderen empfinden. Die spirituelle Normalität basiert nicht auf mystischen Zuständen oder außergewöhnlichen Kräften. Es geht nicht darum, etwas Besonderes zu sein, sondern leer und wach.

Die Normalität des spirituellen Lebens kommt aus einem Herzen, das gelernt hat zu vertrauen; sie kommt aus der Dankbarkeit für das Geschenk des menschlichen Lebens. Wenn wir einfach wir selbst sind, ohne Maske oder Künstlichkeit, ruhen wir friedlich im Universum. (...)

Mit zunehmender spiritueller Reife vertieft sich unsere Fähigkeit, uns zu öffnen, zu vergeben und loszulassen. Dabei entwirren sich Konflikte auf natürliche Weise, unsere inneren Kämpfe hören auf, die Schwierigkeiten lösen sich auf, und eine heitere und unbefangene Ruhe breitet sich in uns aus. (...)

Wenn in uns die Fähigkeit zum Gegenwärtigsein wächst, entdecken wir die Leichtigkeit und Gelassenheit des Herzens angesichts aller Dinge.

Ein großer Lehrer in Indien pflegte seine Schüler an diese Fähigkeit zu erinnern, wann immer sie mit ihren Schwierigkeiten zu ihm kamen – mit

Problemen bei der Meditation, bei der Arbeit oder in ihren Beziehungen. Er hörte sehr freundlich zu, und dann lächelte er und sagte: »Ich hoffe, du hast deine Freude daran.« (...) Oft vergessen wir die Freude auf unserer Expedition zum spirituellen Erwachen. Um wahre Freude zu finden, müssen wir unser Leiden durchschritten haben und schließlich dahin gelangt sein, die Gesamtheit des Lebens aus tiefstem Herzen zu akzeptieren. Wenn wir eine intime Nähe zu allem erlangt haben, entdecken wir Ruhe, Wohlbefinden und Ganzheit. Wir erkennen, dass wir und alles Leben, das uns umgibt, am rechten Ort sind, dass wir hierher gehören, gerade so wie die Bäume und die Sonne und die Bewegungen unseres

Planeten. Dann erleben wir Heilung, Öffnung und Gnade.

Als ich vor nahezu fünfundzwanzig Jahren als Mönch in den Wäldern Thailands lebte und praktizierte, lernten wir, uns beim Betreten und Verlassen des Tempels dreimal zu verbeugen. Das Verbeugen war eine ganz neue Erfahrung für mich. Ich lernte auch, mich beim Betreten und Verlassen der Esshalle, der Wohnung des Lehrers und meiner eigenen Hütte zu verbeugen. Und schließlich lehrte man mich, dass es sich für einen Mönch gehöre, niederzuknien und sich dreimal zu verbeugen, wenn er einem älteren Mönch begegnet. Wenn man neu ordiniert ist, bedeutet das, sich vor jedem Mönch zu verbeugen, dem man begegnet. Am

Anfang war das schwierig. Es gab Mönche, die ich respektierte und verehrte, und bei ihnen fiel mir das Verbeugen leicht; aber nicht selten musste ich niederknien und mich vor Mönchen verbeugen, die ich für ignorant, stolz oder unwürdig hielt. Dass ich mich vor ihnen verbeugen musste, nur weil sie einen oder zwei Monate vor mir ordiniert worden waren, verletzte meinen Stolz. Dennoch verbeugte ich mich brav im Tempel, in meiner Hütte und vor allen Mönchen, die sich mir präsentierten. Nach einiger Zeit begann ich, den Schmerz an meiner eigenen Kritikfreudigkeit und das durch sie erzeugte innere Getrenntsein zu spüren. Ich richtete meinen Blick nun mehr auf das, was schön oder edel oder wertvoll an jedem war, dem ich begegnete. Und schließlich begann ich, sogar Freude am Verbeugen zu finden. Ich verbeugte mich vor allen Mönchen und Tempeln, vor allen meinen Brüdern und Schwestern, vor den Bäumen und vor den Felsen. Das Verbeugen wurde zu einer wunderschönen Art, zu sein.

Wenn wir Nähe zu uns selbst gefunden haben, sind wir fähig, uns vor allem, was uns umgibt, zu verbeugen und es zu segnen. Das ist die Erleuchtung, die allem nahe ist. Es ist Freiheit und ein Glück ohne Ursache, und jeder Augenblick und alles, was wir tun, wird davon bestimmt. (...)

Segen zu bringen, mit Respekt zuzuhören, mit dem Herzen willkommen zu heißen – das zu lernen ist wahrlich eine große Kunst. Wenn es geschieht, ist es niemals eine grandiose, auffällige Angelegenheit, sondern es geschieht in diesem kleinen Augenblick des Jetzt und auf die unmittelbarste und intimste Weise. (...)

Der Weg des Herzens, ein Leben, das dem Erwachen gewidmet ist, erfordert auch, dass wir uns um alles kümmern, dem wir begegnen, wie schwierig oder schön es sein mag, und dass wir eine innige Verbindung aufnehmen, völlig gegenwärtig und mit ganzem Herzen. Wir werden viel Wunderbarem begegnen auf der Suche nach unserem wahren Weg.

Der Zen-Poet Basho gemahnt uns:

DIE TEMPELGLOCKE
HAT AUFGEHÖRT ZU LÄUTEN,
DOCH IHR KLANG ERTÖNT NOCH
AUS DEN BLUMEN.

•

QUELLENHINWEIS

Alle vorliegenden Texte und Meditationen aus Jack Kornfield, *Frag den Buddha – und geh den Weg des Herzens:* Seiten 27–36 / 367–379 / 393–396 (Auszüge); Meditationen: Seiten 37/38, 46, 55/56, 73/74, 75/76, 87–89, 89/90, 104/105, 131/132, 194/195, 206, 223/224, 273/274, 338–341, 361, 387/388.

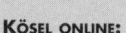 

 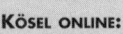

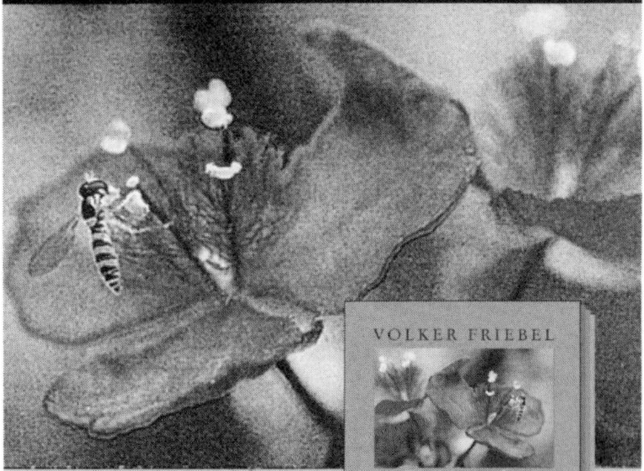

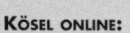